Du même auteur
Demeter ou les pleurs de l'enfer,
Recueil de poésies, Edition du Panthéon, 2000

Gaïa,
Recueil de poésies, Edition Publibook, 2002

Contes à rebours,
Contes pour enfants, Editions publibook, 2003

Les contes de Rémy LULU 2008

Les contes express de Rémy BOD 2010

RAYMONDE VERNEY
Fait partie de la SEALB
LA SOCIETE DES ECRIVAINS
Alsace lorraine Belfort

Raymonde Verney

Passage des Acacias

© 2016, Raymonde Verney

Edition : BoD - Books on Demand
12/14 rond-point des Champs Elysées, 75008 Paris
Impression : Books on Demand GmbH, Norderstedt, Allemagne
ISBN : 9782322095612
Dépôt légal : juillet 2016

BEAUTE EPINGLEE

Dans son sillage, des murmures, elle perçoit
Soupir d'indifférence, lassitude calculée
Elle glisse épinglée par des regards froids
Diva ingénue aux désirs extrapolés
Timidité sous jacente ses pas furtifs
Déhanchent l'assemblée ressuscitée
Les messieurs par l'ennui exaspérés
De la muse, s'inquiètent évasifs
Des épouses ils ceindraient le courroux
S'ils peignaient ses atours sur une toile
Orgie de nuances, vêtements infâmes
Certes ma chère, votre tailleur désarme
Monsieur explore la diva « à son insu »
Le bar d'un verre caresse le monopole
Ma chère, la soif, pitié ma gorge s'étiole
Madame puis-je ? Votre sourire est sans issue.

COULEURS D'AUTOMNE

Pastel d'ombres qui se leurrent sur le pavé gisant
Heure automnale où les couleurs épousent les fragrances
Récidive d'une lumière teinte d'orange pourpre
Instant tardif où l'horloge effeuille les notes d'antan
Les feuilles timides, chutent dans une flaque moirée
Les arbres intransigeants dépouillent leur mystère
Dans un langage sibyllin ils parlent aux feuilles délaissées
Mettez à l'abri votre misère, l'hiver s'avance prude
Le soir tombe dans un pugilat de couleurs ivres
Bouquet pastoral cueilli sur une palette empourprée
Dans les recoins des jardins stagne un voile translucide
Patiné par la pénombre qui se glisse intriguée
Ces moments délicats où les senteurs sont filles de joie !
Faciès automnal où l'ambre le vert, le jaune intriguent
Et peignent l'indécence dans une nature qui fuit
Songes filés par l'invisible, regards d'or lutinés.

CYRILLA

D'une ombre bleutée le vent s'était voilé
Au passage d'une nymphe nommée CYRILLA
Dans une ère d'oubli les siècles se sont cabrés
Usés en leur clémence par des âges lassés
La nymphe CYRILLA paraissait, vêtue d'une aube mousseuse
Une ondée lumineuse gravait ses pas dans le sentier dissident
Sa chevelure d'or pâli ceignait sa taille déliée
Et sa beauté effleurait les bois, en elfes déguisés
La nymphe sise près d'une roche escarpée aperçut la source RHEA
RHEA prenait l'apparence d'une fée à certaines heures du jour
Si elle transgressait les ordres du dieu NEBOR, maître de la forêt
Sa source se tarirait et elle se verrait condamnée à errer sur la Roche glaciaire
CYRILLA s'installa auprès de la fée, le ciel leur présenta le livre des fuites
La page grise fit comprendre les maux qui défieraient cette contrée
Mythique,
Des pans de glace se détacheraient de la montagne givrée
Et des hommes arbres envahiraient la forêt effarée <<vite partons>>
Epilogue :
RHEA et CYRILLA traversèrent les océans on perdit leur trace .
On chuchote que le vent les accompagna jusqu'aux contrées de sable et de soleil,
Là où le jour refuse l'accès à la nuit et où NEMESIS vit en solitaire.

D'AUTOMNE

Se flétrissent mes pas sur des feuilles fuguées
Soir d'un été qui brade ses états
Opuscule livresque où transite l'ambre dorée
L'automne détermine ses couleurs d'un air fat
S'interpellent l'absence et le futur, évasive pensée
Fugitive créance accordée à une saison permissive
Les arbres se distinguent et abrogent leur nudité
Sévères et centenaires comment osent-ils donc s'exhiber
Scrute la lune, le miroir des songeuses nuées
Elle revêt la terre d'un mystère pourpre orangé
Palette rugissante, ravissement des ombres sidérées
L'air se ride d'effluves naissants et dentelés
S'égare ma vision des automnes pluvieux
Douceur d'une faction de temps où s'épousent les fleurs
Nature ambivalente qui habille de velours le fantôme du Printemps
Saison apostrophe, je me perds sur tes feuilles froissées.

ET LES ARBRES DANSENT

Lumière d'un contre jour ardent
Avancée d'un crépuscule égaré
Bruissement sensoriel des feuillages
Les arbres s'avancent désinvoltes et charmés
Ephèbes enracinés dans une légende
Ils dansent et le vent inspire sa viole
Ils sont parfaits dans cette valse lente
La terre se creuse et s'ombre d'un souci
La pénombre extrapole sa présence
Les branches lucioles exhibent leur aura
Un feuillage disert explose sa jactance
L'heure se grave dans la nuit esseulée
Bruits de sabots, labour sporadique
Avancée des arbres sidéraux
Reflet d'ambre qui s'enfuit
La nature voit marcher
Les géants noctambules .

FEE

Une rose de vous tantôt me parla
Téméraire, son Eden elle délaissa
Nommées espoirs, des fleurs y proliféraient
Dès l'aube elles s'apprêtaient silencieuses
Afin de séduire le temps amant impénitent
FEE impassible dans vos atours lilas
Vous receviez les commis des prés
Vous fûtes crainte, adulée, jalousée
Il advint que la pluie épousât l'orage, une nuit
L'EDEN fut dévasté envahi d'herbes folles
Les fleurs fuirent vers des pays anciens
Vous restâtes altière, de fer votre âme se maquilla
FEE jamais vous n'ornerez les antichambres lassées
Des dames dont l'ennui pâment le jour
Sensible au chant des sirènes esseulées
Dans une roseraie vous cueillerez des poèmes.

FEE DES SONGES

Il m'est apparu un songe où une fée m'interpella
Je suis une fleur mystérieuse à la robe lilas
Parfum exhalé de mon royaume pourpre j'arbore
La délicate blancheur des rives exaltées du nord
ERELIA arpente le couloir de l'insondable
Elle me décline des vers, sur un papier de soie enlacés
Candide, elle rassure les rides de mon miroir
Beauté fugace et pressée ne raccompagnez pas le soir
Restez un peu dans ce jardin où ma robe de pourpre
Sied aux humeurs du temps, ma ronde de nuit s'écourte
Demain dans un labyrinthe de pensées j'écouterai les
Mots
Ils me reconnaîtront, le silence me prêtera l'écho
Fée secrète, de mon éveil omet le son
Je désire m'endormir au creux d'un songe
Me perdre dans un lac pourpre où se reflète
Une blancheur muette, vision d'ange.

FLEURETTE

Vous conterais-je fleurette ma mie céans ?
Coqueliquons ensemble, bravons l'interdit
Mes sentiments vous les dirais-je à la franche
Marguerite ?
Pour vous je cueillerais des brassées de roses
Odorantes
La lune offrirait ses émois à nos migrations nocturnes
Troubadour je serais grimé de constance
Je composerais des vers où paraderait l'amour
A vos pieds j'éditerais ma peine humble et dévote
Resterez vous cruelle insensible à mes chaînes ?
Vous contemplerais-je une nuit dans vos atours
Esquissés ?
Les flambeaux distilleraient leur ombre sur un balcon
Embusqué
Occis déjà le suis-je perdu par vos attraits
Votre beauté annihilera mes forces défaillantes
A fontainebleau vous revoir je le veux sans faillir
Sera banni de mon ire s'il se soumet à mon
Contentement
Votre époux maladroit ; madame cette nuit nous attend.

BRUISSEMENT

Je regarde les arbres danser au son de l'air
Ebouriffés ils se déhanchent octogénaires pédants
Les doigts vaporeux du vent cueillent la sphère
Des feuillages ravis à l'obole du temps
Les branches croisent les sentes d'indifférence
Des feuilles qui savourent leur liberté soudée
Irrésolues, du vide, elles absorbent la cécité
Au pied de l'arbre elles fusionnent la sentence
Et les arbres dansent, par l'extase enracinée
Ils simulent l'amnésie des devoir qui s'oublient
Le soir, doucereux les aborde, messieurs
De la décence cessez toute fantasmagorie
Les arbres hèlent les feuilles serties dans
L'insolence
Petites réintégrez vos branches, débute votre
Faction
Les feuilles obéirent un chant accompagna leur
Vrille
Un choeur d'oiseaux bleus et translucides les
Invitait.

DANSE DES MACCHABES

Dansez folle chimères, défuntes à présent
Sur les tombes ancestrales où épilogue le vent
Dansez âmes maudites au rire échevelé
Que reste-t-il de votre orgueil démesuré ?
Dansez folles chimères, défuntes à présent
Hier vous possédiez tout mais un usurier aux rides du Temps
Vous a momifiés songiez vous à ces crépuscules Éternels ?
Que reste-il de vos amours transition charnelle ?
Dansez folles chimères, défuntes à présent
L'absolution vous fut donnée argent comptant
Pleurent des foules chapeautées, leur mort de païen
Que reste-il de vos amis perdus dans le trépas ?
Dansez folles chimères défuntes à présent
La gloire vous fit valser céans
Votre nom se publia, impie la mort se faufila
Que reste-il de vos écrits renégats ?

DEMESURE PASSION

Mon enfance m'octroya une passion sans retenue
Les livres de moi s'éprirent je fus l'égérie des mots
Bleus
Dans mon jardin flottaient des senteurs d'encre
Le papier se respirait sur fond d'errance
Les marches d'un escalier remarquèrent ma présence
Il m'attendait scrutant ma douce exubérance
Mon refuge envers l'adversité endémique
Qui coiffa mon âge de rides inaltérables
La bibliothèque se souvient-elle de ma constance
De mes regrets réitérés à effacer les lieux
Je fus absoute par un contrôle d'indifférence
Mes livres je les prenais réalisant un voeu pieux
Le soir me forçait à noyer ma démesure dans le
Quotidien
Je fus sauvée par des mots, recueillie, par les écrivains
Mon univers fut un accent grave posé sur ma fragilité
Mes rédactions se lurent sous un préau intéressé.

FEU FOLLET

La nuit informelle exalte ses derniers instants
Son aube pourpre blanchit ses chimères
Délaisser le marécage où s'égare une lueur
Regrets, l'aube ruisselante perlera son heure
Le petit follet veillait le marécage délaissé
Les insectes goûtaient les eaux boueuses
Et s'esclaffaient piquant les herbes folles
Eclairées par une phosphorescente essaimée
Le feu follet, des ténèbres, allumait les vagues
Bleues, sombre océan pavé de figurines
De ses lueurs vives il heurtait l'ostracisme
Du marécage conservateur, il flambait sa verve
Le petit feu follet énervait les eaux troubles
Il sautait, dansait ébouriffait les herbes hilares
La nuit riait de ces joutes champêtres, elle mirait
Son ombre dans le cloaque lourd cerné d'invisible.

GRAND MAMAN

Souffle le voile hagard qui découvre mes défuntes
Années
Grand maman argumente ton départ pourquoi m'as-tu
Délaissée ?
Dans cette bruine du mois d'octobre fine et obstinée
Mes larmes orphelines et solitaires balaient le temps
Je suis petite je n'ai que toi et mon amour est déraison
Un ange dont le tracé lumineux encercla mes
Lendemains
Les contes s'impatientaient dans l'antichambre des
Noctambules
Dans un sommeil teinté j'oyais des rêves soyeux
Grand maman les photos fanées ma mémoire les a
Enterrées
Ma lâcheté se terre dans un labyrinthe de regrets
Vêtue de noir le gris calquait tes beaux cheveux
Sourire humble marqué par les intempéries du destin
J'ai atteint un âge certain où j'appareille sans retour
Ma vindicte s'est tue mes pas longent l'obscurité
Ma main frôlera tes doigts glacés attends moi !
Grand maman ma fée des songes d'hiver je viens !

LA BIBLIOTHEQUE

J'ai recueilli des mots errants sur une page
D'où venez vous ? Si disparates et si anxieux
Les mots coulés sous une encre pâle et fatiguée
Me confièrent leur âge dans un langage hyperbolique
Feu le siècle nous vit naître sous une plume délirante
Nous fûmes les pionniers de lettres envoûtantes
Les soirées mondaines nous prêtaient fortune
Notre orgueil se fit acerbe et dédaigneux, erreur !
La plume se fit vieille réclama ses droits au repos
Rien n'y fit l'insolente opta pour un oubli sympathique
Notre jactance fut abrogée par des écrits sentencieux
Ainsi nous fûmes relégués dans un placard obsolète
Ce récit me bouleversa, venez leur dis-je dans un EDEN
Peuplé d'ouvrages vous serez adulés on vous lira
Une bibliothèque de vos écrits sera le mécène
Les mots, confiants me suivirent à dessein.

LA BOITE À MUSIQUE

Dans une boîte à musique s'égaillent mes souvenirs
Dentelle froissée, poussière amassée sur mes pauvres
Délires
Dans l'ambiguïté charmante de cette boîte somnolente
Je déchiffre les notes du passé aux senteurs d'élixir
Une boîte à musique s'accorde aux temps de mes
Amours
Elles me furent contées sur un air déluré
Arpège de mes regrets dans un crépuscule de non
Retour
Fuite d'un livre vieux aux jointures effilochées
Cette boîte à musique feuillette les rimes sortilèges
Béate, je savoure des complaintes d'un passé excusé
Acrostiche dont les lettres traduisent ma sensibilité
Sur un vers écorché je m'enfuis volage
De cette boîte à musique j'extrais l'irréel
Les songes apocryphes, écoute sensorielle
Fluidité des sons qui s'émerveillent
Et pianotent les heures recluses sur une tombe
D'éternel.

LE BANC

Assis sous un ruissellement déferlant, le banc
Impose sa hauteur aux joutes des revenants
De l'inconstance des passants il sait…absorbé
Par les simples instants, il médite l'éphémère
Le banc ravit les rites d'un crépuscule lunaire
La nuit salve sa mémoire et pointe sa misère
Surgissent les épaves, étoiles décimées
Affamées, harassées qui se saoulent et se serrent
Le banc, des amoureux, accrédite les promesses
Ses paupières lassées pleurent les adieux
Retards, fébrilité, dure imposition des heures
D'un mouchoir perdu il offre la science
Le banc a froid, l'hiver pose son sabre
Mercenaire à la solde du temps il vocifère
Blanche est sa hargne, les arbres suent la neige
Et ploient, le banc, dans ses rides emmitouflé.

LE FANTOME DE LA FONTAINE

La peur se souvient encore des gémissements perçus
Les nuits où la lune orangeait son profil
D'une fontaine ceinte d'un auvent ténu
Se réverbérait une lumière verte et nubile
Apparaissait un fantôme aux cheveux verts pendants
Son visage trahissait un désarroi, une absence
LAURA fut tuée d'ici mille ans par une épée au coeur
Tranchant
Elle se noya dans cette funeste fontaine, tomba en
Errance
LAURA aux heures pernicieuses se reflète ton visage
Parés d'une douleur effarante tes yeux ont perdu leur âge
Vêtue de sa fluidité elle vacillait dans la pénombre
Somnolente
Dans sa main droite luisait un poignard aux armoiries des
Revenants
Vengeance !! Hurlait son âme l'ombre de mon amant
Périra
Délivrée enfin je me reposerais, je sommeillerais mille
Ans
Ne m'éveillez point un lit de mousse caressera mes reins
Je suis LAURA la maudite priez pour moi honnêtes gens.

L'OMBRE DU SOLEIL

Le soleil est hanté d'un soir aux reflets effarés
Son ombre, indécente de lui s'est dissociée
Ciel de ténèbres, arc à contre jour, faux semblant
Episode fantasmagorique, chaos évanescent
Cette Ombre si sage par les âges traversés
Tandis que l'aube revêtait ses atours perlés
S'est installée en marge d'une lune somnolente
Ignorant les appels d'une nuit amarante
Le soleil s'est affadi, pâle esquisse d'un jour déteint
Semi- obscurité récidive d'un crépuscule mitoyen
En hâte l'éternel délivre un laisser passer
Aux rayons d'un soleil à la silhouette froissée
La lune sidérée se mire dans cette apostrophe
Eberluée l'ombre du soleil s'esquive prudemment
Et aux aurores saisonnières regagne ses foyers
Le soleil, attache son ombre aux rides du passé.

NEIGE

Murmure d'un hiver où s'ébranlent les flocons
Réticence, oisiveté des branches qui déclinent
Parasites endimanchés dans une mante d'hermine
Les arbres rêvent de steppes lumineuses, de givre
Perlée
NEIGE, pose ton sceau sur le sentier luxuriant
Celui qui mène au front les joutes de l'amour
Les pas se glissent dans une opiniâtreté blanche
Gerbes de flocons je cueillerais votre désinvolture
NEIGE, le ruisseau se glace parsemé de pétales fins
Soufflées par un vent extradé des ères glaciaires
L'iris du temps a blanchi indûment
Les paupières, d'un cil accusent l'envol d'une feuille
Gelée
NEIGE, pléthore immaculée, miroir frileux
Où se perd la buée, gouttes aspirées par l'éternité
Les maisons geignent, halètent pleurent les haillons
D'été
Qu'il me souvienne des hivers à l'ascendance fatidique.

PLAINE HIVERNALE

Horizon embrumé d'où s'enfuit un quatuor dépenaillé
Les ombres fragiles se terrent dans les replis des
Instants figés
Momies dont la mémoire saturnale abrite la loi des
Ancêtres
Il me souvient d'un hiver caduc où la neige filait les
Fenêtres
D'un écheveau surgi de l'invisible, image reproduite
D'un hiver moiré aux fissures givrées
Il me souvient reprit l'ombre, des feux de la cheminée
Et de cette fumée, qui, libertine entreprenait le bois
Les aubes timorées hantaient les prés occultant leur
Inconduite
Les arbres affaissés effeuillaient les bois
De leurs doigts noueux ils inscrivaient le nom EERON
EERON divinité sans âge maître des flammes
Il me souvient, reprit une ombre, des chants dorés
Portés Sur un char aux notes ailées
Partition d'un hiver à la cadence épuisée
Les ombres se turent afin d'écouter la sonate du passé.

THE DISERT

Le thé des soirs venteux assurément
A troublé délicieusement ce couple d'années
Il l'interpelle sur sa santé si malmenée
Elle minaude effarée « mon taux de sucre s'est envolé »
Le thé des soirs venteux a posé une bûche
Sur la braise tiède des amants vertueux
La tension monte, les maux s'accumulent voluptueux
Votre foie si volage me crée des embûches
Le thé des soirs venteux diagnostique fébrile
L'état alarmant d'une passion fragile
A mon lever je vacille prenez soin de vous
Imaginez votre faiblesse par un matin glacé y songez
Vous ?
Oui, certes, aussi ai-je décidé d'abolir mes rendez-vous
Le thé des soirs venteux réprime un bâillement
Discours stupides où le désir se tortille hypocrite
Amants austères dont les intentions atypiques
Effeuille l'ennui épris fatalement.

UNE ROSE

Une rose s'est ouverte aux prémices du matin
La robe chiffonnée, la mémoire en éveil
De vous elle me causa ANGELE, elle vous entrevit
Tantôt, au paradis des âmes, recluse du ciel
Dans les lueurs apeurées d'une aube assujettie
Aux éclats lumineux qui s'imposent endoloris
La rose exalta le pourpre de sa robe<<ANGELE
La tombe j'ai fui, itinérante, longeant les ruelles>>
ANGELE vous fîtes halte au paradis des âmes
Pour vous l'irrésolu créa cet EDEN démystifiant
L'ironie
Vous dont la piété fut à l'encontre de ma foi
La rose, d'une révérence salua l'arbre des lois
Cet arbre pousse dans cet EDEN controversé
Ses branches, porteurs de sacrements, prêchent
Et bénissent les rares invités de ce jardin édulcoré
ANGELE, une rose a figé mes larmes amarante.

VIEILLESSE

Lorsque les aubes auront blanchi mes tempes
Argenté ma coiffe sous l'auvent du temps
Sauras –tu retrouver le dépit des mots tendres ?
Ensevelis sous une poussière aride et filtrée
Lorsque les rides sillonneront mon visage usé
Et que ma taille alourdie courbera sa mise
Sauras-tu m'aimer dans les phases d'antan
Oublier ce corps flétri dépité par son âge ?
Lorsque le miroir aura changé de fond, lassé
Que mon image approuvera la caresse d'un cilice
Sauras-tu pardonner mon aride déchéance ?
Flatter ma réticence cueillir une rose sans
Ambages ?
Te plaire je désirerais, fâcher les ans taciturnes
D'un amour vieilli souffler les tièdes cendres
Quêter un baiser déposé sans aucun méandre
Que nos instants derniers soient fols et fugaces.

LA BELLE CORDIERE

Sonnets impudiques amoureuse de passion
Poétesse qui d'un art osa l'éclosion, anathème
Elle enfourcha les moeurs les brada sans façons
Bourgeoise dont l'inconduite frôla l'inquisition
Des ses amours ludiques se mortifiaient les bien -
Pensants
Société veine où le paraître celait les impulsions
Dame libre honnie par la vertu effarée
Vos poésies distillaient une encre sympathique
Vous fûtes l'égérie de poètes aux stances rédhibitoires
Salon où les écrits désiraient l'anarchie
D'une école vous rassemblâtes les artistes
Poétesse au talent édulcoré, hommage je vous dois
La mort s'éprit de vous, de l'agonie se fit complice
Vous partageâtes votre fortune à un hospice démystifié
Bonté sans équivoque la neige votre cercueil blanchit
Belle cordière de vous écrire je fus ravie.

LA DAME DU LAC BLEU

Dans une nuit opaque allégorie des revenants
Le lac bleu s'éveille de son endormissement
Soupirs, ruissellements de l'onde troublée
Alentour de la forêt naissent des formes masquées
Le lac bleu abdique sa suffisance il s'incline
Devant la dame bleue sertie dans son âge médiéval
Mon tombeau hante l'indécence, toutes les nuits
J'exhume ma douleur mes pas usent le sol mouillé
Je fus jadis une vilaine aux labours déterminée
Errance de chevaliers, les sabots martèlent leur ennui
Mon corps fut occis jeté dans un obscur dédale
Lac bleu pitié ! De ma vengeance sois mon vassal
Le lac bleu ouvrit le livre des eaux troubles
L'an 1456 les chevaliers suivirent la mort en croisade
Ma dame, le jugement de DIEU, votre vengeance
Acquitta
Apaisée la dame du lac bleu à jamais s'esquiva.

LE DANSEUR

Entrave des pas absence d'une équation
Le corps s'émeut, cercle d'admiration
Grotesque menuet qui absorbe le danseur
Simulacre d'âge grimé avec hauteur
Les curieux d'un sourire se parent
Danseur malhabile, quinquagénaire décadent
La piste, d'une issue argumente son départ
Spectateur halluciné, il emporte les regards
Musique où les sons perçoivent la frayeur
Ablution surannée qui évente son ardeur
Pas troublés, pas hystériques, épilogue du talent
Déhanchement obscur, bûcher ardent
Risible affaissement des rides alarmées
Make –up lassé, qui éponge sa moiteur
Torsions gigantesques, râle du disco
Il enjambe sa place épinglé par les moqueurs.

LE GRIMOIRE

Ma poésie libérale, sur un grimoire s'est épanchée
Par ennui elle a omis de versifier
Les vers insolents s'inclinent désabusés
Peu nous importe d'émettre des onomatopées
Cette poésie défie nos pères les alexandrins
Fragiles, les rimes s'alignent en fac-similé
La plume, cette méprise, taquine le malin
Et sur une page étourdie pose un doigt de reine
Sait-elle écrire. ? J'en doute ses vers sont tabous
Poésie d'un temps passé qui s'incline vers le futur
Un pavé dans l'ordonnance des lettres d'usure
Créance d'une servitude qui hurle avec les loups
Sait-elle vivre ?ses joies financent des peines
Intemporelles
Epuisées ! Les larmes qui lassaient ses jours
Compagne séditieuse l'écriture décline l'irréel
Grimoire où s'incurvent les mots, les calembours.

L'ETOILE

Dans un ciel absolu scandé de nuages blancs
Je la vis, l'étoile, émue, distraite d'un serment
Amoureuse d'un nuage mousseux et téméraire
Elle scintillait, dubitative scrutant les airs
La lune veillait filant son venin elle les surprit
Près du lac vert, de l'alphabet amoureux, s'éprenant
Son cri éveilla les nuées somnolentes, étourdies
Ils s'envolèrent hélés par la mégère titubant
L'aube posta une missive dans la boîte du temps
Ce soir je serai vers les roches translucides
Munissez vous d'une cape car le froid siégera
Ainsi écrivait le nuage faiseur de serments
Il advint que l'étoile vieillît indûment
Les onguents, les soins s'estimèrent perdus
Les rides, intruses créèrent un bataillon
Le nuage délaissa l'étoile pour une fleur lunaire.

PARFUM D'UNE ROSE

Vous conterais-je ma mie le parfum insoumis
D'une rose pourpre exilée dans une allée
Jardin où les fleurs dès l'aube se courtisent
Ivoire des matins, nacre qui filtre la rosée
Vous conterais-je ma mie l'oubli d'une rose
Perdue dans un Eden, par l'absence considérée
Moi gentil troubadour, je cueille l'extase
D'une fragrance insolite soufflée par le vent
Vous conterais-je ma mie les avances d'une rose
Sa robe me souriait d'une langueur elle s'affubla
Elle me mit en émoi trompant la bienséance
Je la désirais, de ses épines je me souvins
Vous conterais-je ma mie ma hâte à vous offrir
Cette rose pourpre dans un vase pâmée
Constante dans sa ferveur à nous aimer
Un recueil de pensées, sur son déclin, l'invitera.

PAYSAGES ALSACIENS

Sous une voûte de silence s'étend l'absence
Ces aïeux dont la puissance occulte l'irréel !
Entendez vous leurs pas givrant les bois de songes
Volés
Des voix rauques et familières entonnent une
Complainte d'hiver
Et les feuillages des arbres bruissent de sons et de
Lumière
Les pas se rapprochent, j'entrevois des ombres
Voûtées
Mes ancêtres emmenez moi hors de la ronde des
Serments
Mon destin que l'imposture a baptisé néant
Se dilue au pied des revenants
Vous ! Les mages d'antan armez la sédition de vos
Enfants
Leur peine s'allonge le long du RHIN fleuve de boue
J'adhérerai bientôt à votre transparence, épilogue de
Mon destin
Se souviennent les bois des maléfices, des élixirs
Vous fûtes devins, l'avenir se disculpa maintes fois
Suis-je dépositaire de ce legs de lumière teintée ?
Mon ombre se meut dans une nuit effeuillée, estampe
D'étoiles.

UNE FEE AU MANTEAU ROUGE

Dans une ruelle escarpée une fée m'a frôlée
Vêtue de rouge, d'une mante, son âge s'était figé
Dans un langage sibyllin elle me narre des âges
Sardoniques
Où les mages pourchassés se réfugièrent dans les
Montagnes frigides
Cette fée, je le sus, était nommée « LA DAME DES
GLACES »
A une époque si lointaine où mémoire d'homme se
Désintègre
La dame des glaces suivit le mage ATHOR dans son
Exil
Si froide étaient les nuits ; leur vie fut en péril
Le souffle du vent gelait les cimes des montagnes
Le mage et sa fée eurent la protection d'une étoile
ILNA de son feu éternel réchauffa le poumon de la
Montagne frigide
Des lacs se creusèrent et des cygnes, allégorie d'une
Paix furtive
Posèrent leur candeur rose, bleue, sur ces eaux
Ressuscitées
Sous l'emprise d'un récit épique, je m'entendis
Murmurer
Ces montagnes givrées existent-elles ? Sur un
Continent inconnu ?
Non me répondit la dame des glaces, une étoile au
Prénom fragile les a éteintes.

VIEILLES DENTELLES

Vieilles dentelles, visages passés par l'ombre des soirs
J'ai visité, hier, une chandelle postée au coin de l'âtre
Mes aïeux figés dans une vague somnolence
Souvenez vous de moi l'infante de la lune noire
Demeures affaissées portées à la jactance grinçante
Escaliers où le bois geignait martelé, roidi sous les
Pas
Grand-mère EMILIE de ses fourneaux active l'éruption
Vieilles dentelles mon coeur défile son trépas
J'ai le regret d'antan né sous une oeillade appuyée
Erreur et fols amants excision d'un amour fantoche
Vieilles dentelles l'onde bruisse vos voix effacées
J'ai lapidé mes regrets sur une pierre tombale
Sur une chaise ébranlée de souvenirs je m'assieds
Vous me bercez lorsque ma fiole s'emplit de chagrin
Brume endolorie, épitaphe d'une vie essoufflée
Je m'incline, vieilles dentelles, je vous verrai…demain.

ALFRED DE MUSSET

Poète dandy aux moeurs triviales
Ta jeunesse se dissipa brumeuse
Et lascive dans une alcôve libertine
Heures hybrides où l'esprit dérive
L'Espagne et l'Italie nous furent contées
En vers, triomphe d'une plume ciselée
Sur une nuit vénitienne jaillit l'opprobre
Ton âme blessée flagella sa honte
Georges Sand ratifia ses amours errantes
Elle savoura sa folle romance, en toi
Adversité, dévergondage itinérant
Rupture, amnésie appel lancinant
La maladie instaura son humeur
Fébrile, récidive, alors vint la mort
L'académie immortalisa ton verbe
Poète incompris l'éternité éditera tes pages.

Les Fleurs

FLEURS, oublis que l'on délaisse désabusés
Pensées inopportunes obsolètes regrets
Fleurs qui se fanent dans le regard des furtifs
Amants
Épilogue d'un ennui amours d'antan
FLEURS, corolle qui essaime la fragilité du temps
Graine d'une vie qui s'impose au néant
Ristourne folâtre des visions d'hier
Bouquets de souvenirs, effluves amers
FLEURS, tige brisée par les remords disséminés
Sève dont s'écoule une parenthèse éphémère
Ces heures que je renie esclave millénaire
De mes passions téméraires
FLEURS, renégates qui vous prostituez
Dans d'autres lieux ! Par vos épines lacérées!
Porterais-je le deuil de ma jeunesse?
Non!! Ces fleurs fatiguées dans un vase je les
Redresse.

LE BAL DES OMBRES

Les ombres s'apprêtent pour le bal, soirée
Dantesque
Le venin se distille, sournois dans l'embrasure
Errante
D'un ciel somnolent cerné de sa défiance
Les nuages d'un doigt incertain peignaient la
Fresque
Le néant indécis escamote l'effigie du temps
Il s'en drape anxieux, sera-t-il invisible ?
Assurément lui affirma le chaos irréel
La nuit se glissait silencieuse dans la sphère des
Revenants
La soirée en son sein conforta les entités
Des âmes voilées se saluaient et s'embrasaient
Au feu des retrouvailles, philtre suranné
Les nouvelles s'effeuillaient au souffle ardent
D'un brasero lunaire sollicité par la lune
Percluse d'abnégation, pupilles chastes
La lune épinglait ses vengeances sur les cendres
Le bal n'eut pas de frein BACCHUS sondait le vin.

LE CARNAVAL DES OMBRES

L'horloge convoque ce soir les ombres à un bal costumé
La nuit s'impatiente et berce son attente dans une feinte
Noirceur
Apparaissent les ombres fragiles, songeuses et fugitives
Costumées à se laisser séduire nos sibylles se
contemplent
Les amours sont percutées, miroir, incandescence, dis le
Sommes nous les plus frivoles, les plus lubriques ?
Nos costumes sont délurés saurons nous plaire au
mystère céant ?
Nos amants sont les âges fuyants ce soir nous danserons
au bal suranné
Le miroir dubitatif réfléchissait des images serties d'un
Sortilège
Fées d'une teinte irréelles, sirènes délaissant un océan
Migrateur
Papillons aux ailes réverbérés par une lune sémillante
Conteuse de songes récitant un chapitre d'une voix
lugubre
Ce bal costumé eu un tel succès que les années se firent
Mendiantes
La nuit envoyait des cartons dorés au peuple des ténèbres
Les ombres invitaient les chimères, les pensées, les
Absences
Les retards, la musique transcrivait ses notes sur une
rame de lumière.

LE GUI

Dans le clair obscur d'une image froissée
Je cueille une branche de gui, aumône désuète
Années fragiles épinglées sur une étoile filante
Mes souvenirs se dressent, humbles et blessés
Une branche de gui, parasite d'un EDEN rédempté
Oscille discrètement et m'entraîne dans le dédale du
Temps
Cette image aux couleurs lassées, avatar de mes
Tourments !
L'arrière saison s'est présentée, le vent s'était ridé
Une branche de gui a réfléchi ma solitude
Aux tempes argentées, mes songes et ses fissures
Ce gui a apaisé mes doutes, peinture d'une photo
Vieillie
Aux heures nocturnes et somnolentes j'ai bu l'élixir
Une branche de gui m'a conté les paysages lointains
Où mes aïeux reposent sur une terre païenne
Mes pères chérissez moi je suis fille de devin !!
Vous épousez la pleine lune lorsque le pas lourd des
Ombres résonne.

LE MUGUET

Je le cueillerai désinvolte et humerai sa fragrance
Volatile
Muguet saisonnier, vagabond des heures figées
Dépôt printanier d'une gerbe sermonnée de blanc
Couleur d'une instance de songe évaporé
Je le déposerais dans un vase cristallisé d'oubli
Muguet, vacance d'un amour d'antan
Fragile verset d'un hommage suranné
Parure des coeurs aux blessures fugaces
Ce mois de mai débonnaire me délégua sa fleur
Dans un papier de soie dentelle on me fit la cour
Sortilège !mon âme se fit ténor partition endémique
Troublée je le humai et ma pensée s'évada sensuelle
Muguet !sauras-tu l'an qui vient incliner ta gerbe
Te souvenir de moi et me conter ce mois de mai
Edulcoré, fragile, j'attendrai dans un recoin d'espoir
Cette fleur dont la tige peint des ivresses blanches.

POUR TOI

Pour toi je sonderais le crépuscule lumineux
Où s'égare craintive ma pensée amoureuse
Dans une lune, virgule ceinte d'une ombre étourdie
J'inscrirais nos noms sur un rayon d'ocre pâli
Pour toi je gravirais les âges d'une éloquente jeunesse
Le bruissement des ans infiltrerait, discret
La nébuleuse histoire des amours en liesse
Ardeur impénitente, sève à peine effleurée
Pour toi les hivers se vêtiraient de serments
Déclineraient impalpables, leur identité à la vision du
Temps
Les saisons torrides, de leur charme, envoûteraient
Nos sens
Affolant une raison trompée dans son errance
Pour toi j'ai écrit ce poème posté par le vent
Adressé à nos rêves échevelés et un peu fous
Si l'encre a versé en essuyant ces lignes floues
EROS, intrépide, de sa flèche convaincra l'amant.

PROMENADE

Sur une note muette je me suis envolée
Regard d'un passé replis de mes désirs
J'ai parsemé de roses le sentier cahoteux
Les saisons ont percuté l'aval du temps
Promenade dans les pensées froissées
Esquisse d'un oubli, d'un regard effacé
Philtre d'un entrelacs, parfum d'ambiguïté
Je décline ma raison faiseuse de délires
Promenade d'un ombre touchée par l'âge
Réquisition des années chétives et embrumées
Hier a cloué son vantail, se cloître l'absence
Sur une touche lascive je joue la sérénité
Promenade dans un présent épinglé
Je plaide l'inconstance d'un quotidien usé
Cueillerais-je les doutes, qui mon âme, lassent ?
Non la sente bifurque vers des abîmes fallacieux.

LE CREPUSCULE

Citation
Les soleils couchants
Revêtent les champs
Les canaux, la ville entière
D'hyacinthe et d'or
Charles Baudelaire (les fleurs du mal)

Les crépuscules naissants peignent le faciès du néant
Le pourpre d'une entité qui s'effraye
Guettant les pas sourds d'une nuit qui veille
Paradoxe d'un ciel qui rajuste son temps
Le crépuscule d'ocre imbibe l'irréel
Les oiseaux déploient des chants sensoriels
Qui, des feuillages bercent l'impact
Le vent pédant s'affuble d'une harpe
Le crépuscule, rougit l'or des blés levants
S'impose le bleu, sceptre d'un roi
La douceur dans l'obscurité greffe sa loi
Le soleil s'efface derrière un nuage songeant
La nuit entière à NEMESIS, ravissement
La déesse dans la loi s'absorbe, justicière
Filant sa morgue, de ses charmes usant
S'envolant vers les baies sablées lunaires.

SI

Si j'étais une ombre
Sur ton destin je veillerais
Si j'étais pauvre
Mes tourments je t'offrirais
Je ne suis qu'une ombre vrillée à son orgueil
La pauvreté a refoulé ma piété
De son palais jeté aux vents, on m'a excommunié
Si j'étais seul j'écrirais des poèmes
Tu t'en rassasierais éperdument
Si j'étais astrologue CRONOS m'obéirait
Je ne suis qu'un parasite d'une solitude de carême
J'écris pour des abîmes ignorants
Et ma vision est si étroite que l'espace s'enfuirait
Si j'étais une tombe
En feu follet je me travestirais
Si j'étais sobre
De la bruine je me désaltérerais
Je ne suis qu'une tombe immolée à son cercueil
L'ébriété de mes chagrins s'est asséchée
De sa mante la brume m'a figé.

UN BOUQUET

J'ai humé ces parfums subtils réfractaires au vent
J'ai caressé les tiges posées sur un quatrain
En habit de lune j'ai arpenté les sentiers étroits
Cueillant de ci de là les plaisirs du temps
Bouquet que le soleil enlace d'une lumière feinte
Somnolence des fleurs que leurs corolles déploient
Dans ce jardin j'ouïe les turbulences des bois
La nuit en égérie s'apprête, douceur feinte
Je m'enivre des pétales enfiévrés d'élégance
D'un vase s'éclabousseront les furtives fragrances
J'absoudrais leur incohérence, séquelles d'insouciance
Bouquet épars où s'infiltre la moiteur du soir
Disposés près d'une baie hallucinée
Les oiseaux feuillettent le livre des anges
Poètes, ils chantent ce bouquet fervent
Dans les nuées on les nomment : ménestrels.

UN PETIT AMOUR

Un petit amour submergea mes pensées
Ondée silencieuse d'où perlait le verbe aimer
L'émotion appréhenda mes oublis, feinte désillusion
En lettres mortes l'encre pâlit toute objection
Un petit amour immaculé brandit son arc
Une flèche empoisonnait feu mes intentions
L'arbre des regrets sortit de sa méditation
Effeuillant ses prunelles mordorés, fuyant l'impact
Il me rendit à la raison des saisons mortes
Dans un jardin où les pensées vieillissent sereines
Il cueillit mes secrets assoupis, poussière d'ange
Le petit amour sur sa lyre peignit de faux semblants
Petit amour ton ombre calque mon futur incertain
La pluie coule mes peines dans un sillon
Sur l'arbre des regrets je vis l'effigie de la passion
Une flèche blessée, une colombe posait pour l'horizon.

ST VALENTIN

La lune m'offrit une rose jaune aux armoiries de la st
Valentin
Cette rose rouge de confusion m'ensorcela il est
Certain
Ambivalence extrême mon coeur fugua vers des odes
Enflammées
Soupir, caresse d'une tristesse qui s'étiole et se repent
La lune m'avait distinguée, de mon âge, la sentence fut
Abrogée
De cette étreinte isolée je pris l'envol vers de douces
Pensées
Mon attente fut à la rencontre de cette valse d'été
Cette rose dont la robe cueillait les espoirs désuets
Me rajeunit, de précieux oublis, poussière transhumée,
Flatulence
Nocturne, je déambulai tenant ma rose par la main
J'arpentai le labyrinthe des désirs, grince le portail de
Ans
Je souffle mes bougies j'efface la mémoire de ma
Venue
La st valentin apposa son sceau sur mes souffrances
Périmées
Ma rose jaune fleurait des effluves moirés
Fête des amoureux, je le fus de cette rose
D'une passion soudaine je me pris pour les roses
Lunaires.

UNE FEE AGLAE

Une fée au prénom joli auprès de moi s'est endormie
Au seuil de mon ennui je lui suggère de s'éveiller
De visiter le clair de lune, les lacs antiques asséchés
Par la brume
Ses songes, satinés, dentelle d'amertume me
Peignirent des allégories
Une fée, venue d'une contrée oubliée, de moi s'est
Souvenue
J'en suis troublée, magicienne des ombres muettes et
Transcendantes
Contez moi ces veillées torrides où les pas épousent
Les sons éperdus
Où les danses rituelles fléchissent le pas des amantes
Une fée, reine d'une galaxie à sonné au vantail de mes
Heures
Sur une faute commise elle s'est installée
Galant, le passé s'est effacé, j'ai souri à AGLAE
Sa robe couleur d'éternité volant entre mes doigts
Songeurs
Une fée ravissante déesse a troublé les hypothèses
Une nuit de lune noire on la pria de réintégrer
Son pays imaginaire <viens, me dit-elle>>
Et je partis délaissant infortune et sortilège.

MES PENSEES

S'adressent à ceux dont la parole est morte
A ceux qui déjà affrontent l'hiver de leur printemps
A ceux qui pleurent une ombre, une rose d'automne
A ceux qui sacrifient leur vie à un espoir fuyant
Mes pensées s'adressent à ceux dont les chaînes
Rouillent les prisons
A ceux qui, alités, glissent dans un coma ouaté
A ceux qui prêchent la parole de l'irrésolution
A ceux qui s'égarent sur une planète décimée
Mes pensées s'adressent à celles dont le miroir a osé
Afficher l'impensable, la névrose des années
A celles dont l'amant se terre dans des bras séditieux
A celles qui enfourchent la haine, cheval de Troie
Mes pensées s'adressent à celles qui réhabilitent
L'ennui
Dont les pas s'enferrent dans les journées rééditées
A celles dont les mots suintent d'une langue
Emprisonnée
Et dont le masque froid celle les plaies de la vie.

NATHALIE

Un souffle, une voix dans le dédale d'un désarroi
Les écrits fiévreux délaissent leurs états
Des limbes du savoir naîtra la plume de demain
Les mots apeurés verront l'ombre de CAIN
Un souffle, une voix damnera la jalousie
Une fée, à ces livres éperdus insufflera la vie
NATHALIE, vous, dont le fantôme s'égare
Sur les lacs le soir des sombres retards!
Un souffle, une voix, odyssée des repentants
Et ce regard!miroir de l'éternel que l'on devine
Charmant!
Ce doigt sur un fil posé rêvera l'histoire
Le remous dans l'espace qui se meut hagard
Un souffle, une voix équinoxe des relations
De mes pensées vous creusez le tendre sillon
Frêle apparence, fille du vent
Ambassadrice des prophètes qui se veulent grands.

Table des matières

Beauté Epinglée 3
Couleur d'Automne 4
Cyrilla 5
D'automne 6
Et, les arbres dansent 7
Fée 8
Fée des songes 9
Fleurette 10
Bruissement 11
Danse des Macchabées 12
Démesure Passion 13
Feu Follet 14
Grand Maman 15
La Bibliothèque 16
La Boite à Musique 17
Le Banc 18
Le Fantôme de la Fontaine 19
L'ombre du Soleil 20
Neige 21
Plaine Hivernale 22
The Disert 23
Une Rose 24
Vieillesse 25
La belle Cordière 26
La Dame du Lac bleu 27
La Danseur 28
Le Grimoire 29
L'Etoile 30
Parfum d'une Rose 31

Paysages Alsaciens 32
Une fée au manteau rouge 33
Vieilles dentelles 34
Alfred de Musset 35
Les Fleurs 36
Le Bal des Ombres 37
Le Carnaval des Ombres 38
Le Gui 39
Le Muguet 40
Pour Toi 41
Promenade 42
Le Crépuscule 43
Si 44
Un Bouquet 45
Un Petit Amour 46
St-Valentin 47
Une Fée Aglaé 48
Mes Pensées 49
Nathalie 50